AF356089

ÉCONOMIE

RÉPÉTÉE

TOUS LES JOURS.

RECETTES SIMPLES, FACILES ET INFAILLIBLES

POUR NE RIEN LAISSER GATER

DANS SA CUISINE,

MÊME EN S'ABSENTANT PENDANT UNE SEMAINE
DE NOS GRANDES CHALEURS.

DEUXIÈME ÉDITION.

PARIS,

TYPOGRAPHIE DE FIRMIN DIDOT FRÈRES,

RUE JACOB, 56.

—

1852.

Tous les aliments conservés par ce moyen rivalisent de bonté avec ceux du jour même.

Le beurre est conservé................... 4 jours parfait,
et bon pendant.......................... 8 id.
Les petits pois fricassés................. 3 id.
Le lait................................. 3 id.
Le poisson et les légumes fricassés et viande
dito, de............................... 4 à 8 jours.
Le bouillon............................ 7 id.
La volaille, gibier, viande de toute espèce, à
rôtir ou rôtie, de...................... 8 jours à 60.

Cette brochure contient aussi :

Le moyen d'augmenter la qualité et la quantité du bouillon sans augmenter la dépense;

D'ôter le mauvais goût au beurre, etc.

Prix de la brochure : 50 cent.

DÉPENSE UNIQUE, car pour agent conservateur on emploie, sans les user, les substances d'un usage indispensable dans la cuisine.

ICI

Et chez l'Auteur, Faubourg-Saint-Honoré, n° 252, et vis-à-vis, 257.

ÉCONOMIE

RÉPÉTÉE

TOUS LES JOURS.

Les meilleurs livres de cuisine et l'ouvrage de M. Appert enseignent les moyens compliqués et dispendieux de conserver presque tous les aliments pendant une année; mais ils n'en enseignent aucun pour conserver le bouillon et les restes du dîner d'aujourd'hui.

C'est cette lacune que je viens remplir. L'hygiène et la gastronomie prescrivent de choisir des légumes très-frais, du bouillon de même, de la viande qui ne soit que mortifiée et non pas avancée; tandis que l'économie veut souvent des provisions qui nuisent à la fraîcheur. Si l'on s'absente pendant un ou deux jours d'été, il faut souvent perdre une partie des provisions qu'on a, ou les manger un peu détériorées.

Si cela n'est pas gâté, c'est au moins séché; l'air a emporté la meilleure partie des sucs vitaux qui y étaient contenus. Les aliments présentent presque le même volume, ils chargent autant votre estomac; mais ils ne lui donnent que la moitié ou le tiers de la substance qui devrait payer et réparer sa fatigue.

Le palais vous en avertit; il n'y trouve plus rien d'appétissant.

Plus le temps se prolonge, plus la température est chaude, plus l'inconvénient s'aggrave.

En été il n'est pas possible d'habiter la ville, pendant la semaine, et la campagne le dimanche, sans des précautions réitérées.

Je crois donc offrir à la société quelque chose de très-utile en lui présentant le moyen de conserver la plupart des aliments pour l'usage journalier dans une parfaite fraîcheur et avec moins de soins qu'on n'a coutume d'en prendre, tout en s'assurant que ce peu de soin sera toujours fructueux, qu'une seule précaution suffira à une parfaite conservation.

Pour conserver toute espèce de viande crue ou rôtie, choisissez un vase creux qu'elle ne remplisse pas jusqu'en haut. S'il n'y a que peu de vide autour de votre viande, tant mieux; car alors il vous faudra moins de graisse pour la couvrir. Mettez au fond de petites brochettes de bois propre et sec, qui élèvent la viande, afin que, si elle rend un peu de jus, elle n'aille pas tremper dedans. Mettez un peu de sel dessus, faites fondre de la graisse qui n'ait ni mauvais goût ni humidité, et la versez dessus, chaude ou bouillante, en quantité suffisante pour surmonter la viande au moins d'un doigt dans l'endroit le plus mince. La quantité ne saurait y nuire. S'il y a dedans un quart de graisse de mouton, elle n'en sera que plus convenable.

Lorsque ce sera refroidi, descendez-le à la cave et le couvrez. De cette manière, elle se conservera parfaitement. Si vous avez besoin de garder une belle pièce de volaille, de gibier, ou toute autre viande, pendant plus d'un mois, il serait bien de la faire revenir, soit dans une casserole avec un peu de graisse, ou à la broche avant de la couvrir de graisse. Et la viande, ainsi conservée, sera aussi parfaitement bonne que si elle avait été finie de cuire et mangée au moment où elle a été mise dans la graisse.

Si la cave est trop humide, il pourra se faire des taches de moisi à la surface de la graisse; il est aisé et convenable de les enlever entièrement avant d'ouvrir la graisse, et jamais la viande ne se sentira de ce mauvais goût ni d'aucun autre. Au bout de trois semaines ou un mois, vous trouverez votre rôti tellement bien conservé, qu'il ne sera pas même hâlé dans l'endroit où il a été entamé. Combien, à plus forte raison, devez-vous le trouver bien conservé au bout de quelques jours?

A défaut de cave, mettez votre vase dans un endroit frais et aéré; au pis, dans la cheminée, pourvu qu'il n'y ait ni feu, ni ordure, ni mauvaise odeur. Dans la cheminée la conservation sera encore deux ou trois fois plus longue qu'elle ne l'a été jusqu'à ce jour dans le même logement.

Pour la fricassée, il y a deux procédés à votre choix. Je commence par le plus compliqué, qui procure une conservation plus longue. Le premier est de séparer la sauce d'avec la viande, de faire réduire la sauce autant que possible, la mettre dans un vase à part, la couvrir de graisse, etc. S'il reste de l'humidité à votre viande, faites-la revenir dans un peu de graisse, seulement autant qu'il sera nécessaire pour ôter l'humidité; je dis *graisse*, car tous les ragoûts de viande sont beaucoup meilleurs revenus à la graisse; procédez comme pour le rôti, et elle se conservera presque aussi longtemps que le rôti. Lorsque vous voudrez la manger, goûtez la sauce ; si elle est bonne, mettez le tout ensemble, ajoutez un peu d'eau, de bouillon ou de vin, selon la nature de la sauce, chauffez, et dégraissez avant ou après.

Voici le second moyen, très-prompt, procurant une conservation moins longue, mais tellement parfaite, que le ragoût, ainsi conservé, semble avoir été fait au moment de le manger.

Faites fondre de la graisse en quantité suffisante pour le couvrir à un doigt d'épaisseur. Mettez-le dans un garde-manger, ou le descendez à la cave lorsqu'il sera froid.

Dans un garde-manger, la conservation sera parfaite pendant plusieurs jours ; et lorsque je dis *jour*, il faut entendre *jour de chaleur*.

Conservation du bouillon ; moyen d'en augmenter la qualité ou la quantité sans augmenter la dépense.

Plus le bouillon est fort, plus sa conservation est facile et assurée. A l'état de gelée, il se garde plus longtemps et tient moins de place.

Dans presque toutes les grandes cuisines, on augmente sa qualité en y mettant tous les os des rôtis cuits ou crus, les parures de côtelettes, carcasses de volailles, etc., etc. En concassant tous les os, les carcasses de volailles, en coupant en très-petits morceaux les débris de viande qui ne peuvent pas être servis, ils donnent deux fois plus de jus que lorsqu'on les laisse entiers ; mais cette double économie, qui offrirait cependant l'agrément d'avoir moins de bouilli, est fort peu en usage dans les maisons où l'on n'a pas le même jour pot-au-feu et rôti ; il est probable que la difficulté de conserver les os en été est la cause de cette espèce de prodigalité ; mais les os cassés tenant peu de place, et pouvant, ainsi que les petits morceaux, se conserver de la même manière que la viande, il est aisé de les garder crus ou cuits sans les ronger, et d'en augmenter la qualité du bouillon. Pour les conserver, il suffit de les mettre à mesure dans le pot à la graisse, et en approchant celle-ci du fourneau, elle s'amollira assez pour recevoir et couvrir les os et les petits morceaux de viande.

Pour conserver votre bouillon, tirez-le à clair pendant qu'il est encore chaud ; mettez-le dans autant de pots que vous voudrez pour faire la part de chaque fois ; ajoutez de la graisse qui n'ait point de mauvais goût, en quantité suffisante pour faire dessus une croûte d'un doigt d'épaisseur environ ; laisser refroidir à l'air. Lorsque ce sera froid, descendez à la cave ou mettez dans le garde-manger, en prenant essentiellement soin de ne pas crever cette croûte conservatrice. Lorsque la graisse est rompue ou détachée des bords du vase, il faut faire bouillir de nouveau pour la reformer. A la cave, vous le conserverez sept jours sans avoir besoin de vous en occuper ; dans un garde-manger, trois ou quatre jours.

Pour la conservation que j'enseigne, les pots à encolure étroite sont les plus commodes ; car plus l'entrée est étroite, moins il faut de graisse pour la remplir, et moins ces pots tiennent de place dans l'endroit où vous les rangez. Ils sont donc plus commodes.

La graisse du pot-au-feu est très-bonne pour couvrir toute espèce de viande, pourvu qu'elle soit bien égouttée, bien séchée.

La graisse qui a couvert de la viande crue ou rôtie

ajoute une qualité au bouillon, en lui rendant le jus qu'elle a retenu de ces viandes. Si on l'emploie lorsqu'elle sort d'autour de la viande, il suffit de la laisser bouillir une minute dans le bouillon pour cuire et renouveler le jus. Autrement, pour la garder, il faut la faire fondre comme il est d'usage.

Pour garantir le bouillon de l'orage, qui le gâte en quelques heures, mettez au fond de chaque pot un morceau de fer bien propre, la valeur d'un clou de moyenne grosseur pour le potage d'une personne.

En partageant son bouilli comme son bouillon et le laissant dans le bouillon couvert de graisse, il se conserve tel que le premier jour. Si vous le faites chauffer dans le bouillon, vous croyez avoir le pot-au-feu frais.

Si vous n'avez ni cave ni garde-manger, voyez ce que j'ai dit pour la viande. J'ai indiqué la cheminée, à défaut d'endroit plus commode, parce que, dans une bonne cheminée, il existe un courant d'air; mais il est beaucoup mieux de mettre les pots à bouillon et autres sur une croisée pendant la nuit.

A défaut d'endroits frais, les personnes qui veulent faire leur cuisine pour plusieurs jours peuvent remettre leur bouillon gras avec leur bouilli dedans ou leur fricassée sur le fourneau et dans la marmite où cela a cuit, pourvu qu'il y ait assez de chaleur pour lui faire faire un bouillon et fondre la graisse; vous trouverez l'un et l'autre parfaitement bons en été, au bout de vingt-quatre heures. En le faisant chauffer pour en manger, faites faire un bouillon au tout, et cela se gardera encore aussi longtemps dans le même logement où vous ne pouviez pas le conserver du jour au lendemain.

Il faut surtout ne pas laisser refroidir dans des vases de cuivre, à cause du vert-de-gris.

Pour conserver le lait, faites-le bouillir, et le versez, comme il est dit pour le bouillon, dans des vases à encolure étroite pour faire la part de chaque fois. Si votre lait est bon, s'il est assez onctueux pour produire une crème qui devienne épaisse comme un sou, cette crème, en ayant soin de ne pas la crever, suffit à la conservation du lait.

Si votre lait est écrémé ou mélangé d'eau, la crème sera trop mince pour le conserver; alors il faut ajouter un peu de beurre frais en le versant dans le pot où il doit se conserver, afin d'épaissir, de renforcer cette crème conservatrice.

A la cave il se gardera trois ou quatre jours. Dans un endroit chaud, il se gardera pendant vingt-quatre ou trente heures.

Pour conserver les légumes fricassés au maigre, faites comme pour les fricassées de viande; mais couvrez avec du beurre (ou de l'huile), en faisant attention que le bon beurre perd de sa qualité en bouillant ou en revenant, et qu'il ne faut le chauffer qu'autant qu'il est nécessaire pour le rendre coulant.

Les petits pois, ordinairement, ont perdu toute la finesse de leur goût lorsqu'on les réchauffe le lendemain; mais lorsqu'on les conserve ainsi que je l'indique, ayant passé trois jours à la cave, ils seront aussi bons que le premier jour.

Pour les poissons cuits, faites de même que pour les légumes au maigre. Pour les poissons crus, faites cuire à moitié, et procédez comme pour les autres.

Si vous le préférez, vous pouvez couvrir d'huile dès

que ce sera refroidi. Alors vous n'avez que la peine de verser votre huile dans le vase où vous voulez la conserver.

Les légumes fricassés au gras se conservent en les couvrant de l'une de ces trois substances. En toute occasion, vous pourrez employer celle que vous aimerez le mieux. La graisse est la moins chère des trois.

Il est très-essentiel de ne découvrir les aliments ainsi conservés qu'au moment de les manger ou de les réchauffer.

S'ils sont couverts de beurre ou de graisse, il est plus expéditif, selon moi, de dégraisser lorsque c'est chaud, puisqu'ainsi vous n'avez besoin que de mettre votre graisse ou votre beurre dans un pot où vous les retrouvez au premier besoin.

En couvrant de la viande, la graisse se bonifie ; les deux autres ne perdent rien, et ils servent tous trois dans la cuisine dès que vous en avez l'emploi. Ainsi, vous aurez acheté du beurre ou de la graisse quelques jours plus tôt, mais vous n'en aurez pas employé davantage, et vous aurez, non-seulement garanti tous vos mets de la corruption et des mouches, mais même du hâle desséchant.

Pour conserver le beurre parfaitement frais pendant quatre jours, et encore bon pendant huit jours, mettez-le dans l'eau de façon à ce qu'il en soit recouvert. Le plus commode, selon moi, est de le mettre dans une petite corbeille bien propre, à même de la fontaine.

S'il n'est pas dans la fontaine, il faut changer l'eau tous les jours.

Si votre beurre ou votre huile avait pris quelque mauvais goût que vous vouliez lui ôter, lavez l'huile en la battant avec de l'eau propre et fraîche ; laissez reposer, et séparez l'une de l'autre en versant doucement dans un autre vase. L'eau restera au fond avec le mauvais goût ; et s'il n'était pas entièrement parti, lavez à une seconde eau.

De même pour le beurre, en le pétrissant dans l'eau avec une fourchette ou avec les mains, ainsi qu'on fait lorsqu'on vient de le battre. Dans les beurres communs et mal lavés, le petit-lait qui reste se corrompt : c'est ce qui lui donne mauvais goût en très-peu de temps ; et il se fait à la superficie une espèce de crème blanche, qui a mauvais goût. Grattez avec un couteau pour l'enlever en entier, et lavez-le, comme je viens de l'indiquer. Le plus tôt est le plus sûr et le meilleur.

Pour ôter tout mauvais goût à la graisse, faites-la fondre jusqu'à ce qu'elle ne crie plus ; mettez-y un morceau de mie de pain que vous y laisserez frire. Laissez un peu reposer après l'avoir ôtée du feu, et versez doucement, pour laisser, au fond de la poêle, le pain, le dépôt et le mauvais goût.